JN410784

삶의 곁길

삶의 곁길

지은이 조병근

1판 1쇄 인쇄 2021년 9월 10일
1판 1쇄 발행 2021년 9월 15일

발행인 유정희
발행처 (주)지혜의가람

서울시 강서구 공항대로 65 가길25, 202호
전화: (02) 3665-1236 / 팩시밀리: (02) 3665-1238
E-mail: garamwits@naver.com

등록번호 제 315-2012-000053호
등록일자 2012년 5월 17일
©2021 Jihyeui-Garam Publications

값 11,000원

ISBN 978-89-97860-11-1 03320

삶의 곁길

- 신앙 간증 시와 산문 -

지은이 **조병근**

지혜의가람

추천의 글

저자의 첫 번째 시와 산문집 《굳어진 습관》이 나온 지 8년이 지났다.

그 후로도 저자는 쉬지 않고 써 놓았던 시와 산문을 다시 한 권의 책으로 내놓으면서 이제 마지막이라고 한다.

책으로 만들기 전 원고를 읽으면서 그의 살아온 인생이 새롭게 느껴지는 것은 첫 번째 책에서 보여 주었던 투박하면서도 날카로운 글이 어느덧 부드럽고 깊이가 있는 문장으로 바뀌었다는 것이다.

우리가 살아가면서 세월을 못 속이듯 이번 책에서 그의 내면에 박혀있던 철학과 가치관 그리고 하나님에 대한 경외심은 한층 더 성숙되어가고 있음을 알 수 있게 되었다.

그의 삶의 모든 것은 그의 가슴과 머리를 거치면서 시와 산문으로 변한다. 길을 가다가 눈에 띄는 풀 한 포기 꽃 한 송이도 대화의 상대기 되어 묻고 대답하며 시가 되고 산문이 된다. 또한 그 상대에게서 하나님의 은총과 지혜를 찾아내며 즐거워한다. 글쓰기가 어렵다고 하지만 그는 그냥 물 흐르듯 써 내려간다.

이번 책에서는 특히 시사적인 것도 곁들여 우리의 현실을 직시하며 간증을 통해 삶의 곁에 항상 함께 할 수밖에 없는 것들을 글로 표현하고 있다.

문무사 편집인 김범수

\- 차　례 -

제1부 시(詩)

제2부 산문(散文)

제1부 시(詩)

노란 꽃

길옆을 지나며
파랗게 올라온
노랗게 웃는 너는 누구냐
예쁜 너는 봄의 꽃 개나리
활짝 노랗게 웃는구나
지난달엔 마름만 있었는데
푸름과 노란색은
어디서 빌려왔니

옛 소양강

소양교에서 봉의산 뒷길을 걸으며
오래 전 불거지 초장에 찍어먹던
꽁지 날개 파닥거리던 신선한 맛!
비릿한 강바람
소양강 자갈바람
저 물길 속에 잠겼는가?
여름날 불거지 잘 잡던 가축병원 아저씨
옛 바람 찾을 내야
찾을 수 없구나!

좀 곳 왕숙천

곁엔 흙길
발바닥 밟아 큰 강 향해 가보누나
지금은 크게 바뀐
땅 위 아파트
뿌연 운무가 어우러져
한 폭의 그림이 유쾌 상쾌함에
호흡이 싱그럽다
초여름이 솟으며
들꽃들이 향연하누나
주께서 이 나라 이 민족에게 크나큰 보따리 주시고
아름다움을 곳곳에 심으셨으니
새 노래로 찬송함이 어찌 아름다운지요!

초교 뜨락에서

신현초 뜨락에 서니
아침 참새의 노래가 시장을 이루네
즐거움을 담고 나르는 참새 가족아
오늘 먹을 양식을
너를 조성하신
하나님 주심에 감사하는구나!

말쟁이 광고쟁이

효과 없는 광고 들이대는 놈
기를 쓰고 안면 몰수 낯짝 내미는 놈
파렴치 없는 잡것들
공소시효 폐기가 마땅한 거시기들
세상만사 휘젓는 겁대가리 없는 저것들
그것도 없이 얼굴 내미네
아침밥 처먹으며 사기술 기만술
커피마시며 연구한들 너는 흙이니
흙으로 돌아가라
잡것은 버리고 정결한 바람 잡아 오려무나!

불나방

뜨거움 모르는 열기에
뛰어드는 불나방들
뜨거운 고통에
생명을 버렸다
뜨거움에 분노와 분쟁은 멈춰야 한다
뛰어듦에서 멈춰라
빛같이 생각하며
숙고하며
조용히 하자

존엄

저들의 존엄
무엇을 위한 존엄인가?
왕조의 핏발 선 존엄
조직 왕조의 존엄
이 땅에 요란한 나팔이 되어
어느 날 몰아치는 폭풍이 되어
그러나
조용히 지나갈 것이다

석류

촘촘히 알알이 맺혔구나
바알간 꿈을 꾸며
생생한 석류알아!
바알간 푸른 하늘 머금고
꿈을 꾸며
피어나거라

군상

세상은 잘난 이도 많고
세상은 미친 이도 많네
이것이 답이다
저것이 답이다.
정답은 아니오
틀린 답이다
말에 말을 많이 하고
그렇게 시간은 흐르고
그리고 잠잠해지고
그리고 한참 조용하다

하얀 쌀

쌀!
하얀 쌀
물 붓고
뜨물 받고
불 넣어
불 빼고
뜸 들여
그리고 밥이다

생명의 창조물

감성이 기필코 있구나
신비함 그 자체
침묵의 광물도
어느 날 그 침묵을 벗어나고

창공을 춤추며 만족하는 새야
어디를 가고 또 오느냐
싸움도 익숙한 너는
아기도 젖먹이고
찾는 것도 익숙하구나

마냥 웃는 꽃들아
내리는 비도 날리는 눈도
폭풍까지도 반기며
냇물 흘러 강과 바다에 당도하니
결의가 아름답다

판자 교실

흙 계단 즈려밟고
미끄러질까 조심하며
언덕에 이르러 쌩한 바람이다
다닥다닥 판자 붙인 교실에
가야만 했는데
석탄난로 훈훈함이
어제이구나!

여름 날

8월의 여름
무성한 나무 그늘 아래
흙바닥에 앉아
땅 뺏기 놀이를 한다
너는 지금 뭐하냐
뺏기 하던 너
그때나 지금이나
무덥구나!

그들은 모르고 이들은 안다

이들의 특징
집중하여 듣고
조심하여 듣고
조심하며 말한다

그들은 함부로 말하고
산만하게 들으며
거의 집중하지 않는다

이들은 행복을 누리고
그들은 불행을 밟아간다
그래서 그들은 외면 받는다

사람의 학습

엄마 품에서 학습한다
엄마의 사랑과
하나님 경외함과
두려움을 학습한다

조금씩 사람을 존중하며
그리스도의 사랑을 일깨워 줄 수 있다
삶의 분명한 명분
사람을 사랑하고
하나님 경외함에 실려져야 한다

모두 다 돌아와야

노래의 세월
환호의 세월
연극의 세월
힘을 쓰던 세월
유명한 세월도
이젠 돌아오라
조용히 내 집에 오라
문 밖에 기다리시는
예수를 보라
예수를 만나야 한다
영원한 쉽을
너희에게 주신다

소해의 꿈이여

지나간 잘못 있기에
지금의 고난인가요
몰라서 여기 오고야
뒤돌아 살펴보니
조금은 살펴봅니다
가까이 다가선 주여
결단코 기도하오니
주 예수 십자가 보며
백금향 보석함 보며
이 해의 바람이 되어
꾼 꿈의 대답 있구나
이 손에 쥐어주시네

저 별 뒤에

별의 뒤에는
황홀의 환영
진주 꽃밭 있음을 알랑가 몰라
금밭 잔디에 핀 진주의 용용함을 알랑가 몰라
황금물결 파도 위에 비친 돛단배
낚시놀이 잡아보니 홍만옥 가득 찬 숭어 뛰고
돔 천지 와글바글하니
와!
천사 신나 노래하니
나도 신나하네!

가라지와 알곡

알곡 넣어 밥을 지으니
가라지가 푸념하고
주의 손길 휘저으니
바위산이 날아가고
잿빛하늘 휘저으니
폭풍하늘 울부짖고
먼 곳 하늘 햇빛태양
천국 길로 안내하네

섭리하심

세상 지식 지천인데
사도 바울 배설 여겨
흔한 지식 사람 잡고
하늘 지식 주님 앎에
고향 잃고 하늘 가네
세상인들 긍휼 여겨
하늘 지식 옮겨보니
하늘 기쁨 주어지고
이런 기쁨 봐도 없네

전능자 하나님

하나님께서 천지 만물을 지으시니
보기 좋았고 아름다웠다
그곳에 사단(四端)의 의지가 개입되었다
자유의지를 꺾지 않으시고 율법을 주시고
하나님 안에 독생하신 아들 예수로 하여금
은혜를 주시고
충만한 은혜의 역사로 하여금
연약함을 채우셨다
오늘에 이르러 사랑이신 하나님께서
사랑으로 죄를 녹이시고 죄의 육신을 녹이시며
하나님 나라 백성으로 거두어 주셨다
믿음 소망 사랑 이 세 가지는
쭉 있을 것인데
그 중에 제일은 사랑이라

자녀의 역할

하늘에 계신 우리 아버지
보좌 우편에 자리하신 예수님
우리들을 위하여 간구하시며
하나님의 자녀들을 위하여
성령의 도우심을 허하시고
어둠의 세력이 넘보나
악에 빠지지 않게 하시며
영접하는 자 곧 그 이름을 믿는 자들에게
하나님의 자녀가 되는 권세를 주시옴에
나사렛 예수의 이름으로 귀신을 쫓아내며
천국 백성으로 서게 하심을 믿으오며
감사함을 드립니다

냇가

원주 봉산동의 기억
개울 가자
돌 미꾸라지 잡자
영환아!
정환아!

원인

바보야
문제는 예수야
답은 예수라고!

겨울방학 길

버스가 언덕을 오르고
덜컹 서 버렸다
아씨 쇠막대기 들고
한참을 머물고
꺼러렁 오르고 내려가고
달린다
깜깜 밤길 눈이 펑펑 온다
쌍룡파출소 어둠의 저쪽
눈이 버겁다
뱃속 국밥이 내려갔다
뚱이 삼촌 집 대문 앞에 섰다

손주들

세월의 흐름이 빠르다
무럭무럭 자라는 손주들
매일이 다르고
지혜 명철이 보인다
신비함에 젖어
점점으로 향하는
노인네다

글쟁이

씨급들!
어쩌구저쩌구 나대니
정치쟁이가 집 사주고
어쩌구저쩌구 하니
두목 왈!
나하고 놀자
넝마 꼬라지 어쩌구 하니
빙신들 와글바글
애도 낳아 보고
등신들이
자리 깔아주네

접근의 미학

성문법
관습법
인지법
말 못하는 법도
추측되지 않는 법도
은쟁반 금사과
먹을 수 없는 것도
돌 쟁반에 있는 것
먹을 수도 있어 좋다

혼자 밥

가만히 있는데
오는 손님 스트레스다
왜
나 때문에
가만히 있는데
은혜가 눈송이처럼
하늘로부터 내린다
왜
예수 그리스도인 것을

첫눈

새로운 한 해를 앞두고
눈이 함박 내린다
어둠의 모든 것이 저 함박눈 속에 씻겨져라

너의 출장 베트남 행로
순적(順適)하길 바라고
옛 월남을 그려본다

그곳 민초들
감정 없는 우상숭배에서 벗어나
새롭게 뜬 눈으로

십자가 불빛 밝히는 나라들 유심히 살피며
하나님 경외하는 나라와 민족들을
배워가길 바란다

합당치 않음에 대하여

안 좋은데 보는 경우가 있다
만남이 싫고 함께함이 싫은데
함께함이 있게 되니
사람의 삶 속에
교감이 다르고 정서가 다르니 있는 것이구나
삶이란 쉬운 게 아니다
진실로 좋아서 함이 아닌 걸
쉽지 않음이 아닌 걸

'그러나 내게 능력 주시는 분 안에서
내가 모든 것을 할 수 있느니라' (빌립보서 4:13)

잘함과 믿음

잘하는 것이 있다
그것은 잘하고 잘함에 칭송도 따르고
책임도 있게 된다
사람이 잘함이 전부는 아닌데
못함이 또한 많다
이것이 인간이다
사람이 사람을 믿어야 되는데
그것도 진실이 되지 않고
사람은 진실로 하나님을 경외하고
예수를 그리스도로 믿는 진실이 보여야
그 무엇도 믿을 것을
찾을 수 없구나

옛 추억

봉산동 소달구지
동네 애들
이쪽 꽈당
저쪽 꽈당
검정 고무신 달려 나오니
냅다 뛰고
동댕이치는 무릎
성할 날이 없다
추억 어린 냇가 옆
원주 봉산동

좌편향족

좌파 진보 운동권
종북 섞어서 잡탕들
한참 진리를 배워야 할 시기에
전교조 영향으로 지식 아닌 이념을 배우니
거의 다가 색깔이 변했다
가짜 애국애족 협잡 사기꾼들로 학습해 놓은 전교조
무책임은 나라를 망쳐 놓고 있다
그들 그 영향의 열매는 먹을 수 없는 열매
모든 민초들이 갈구하는 자유민주주의
앞날을 위해서 우리는 무엇을 해야 할까?

복음

문서 선교 복음의 열매를 위해서
동분서주해 본다
《 굳어진 습관 》 책자를
동서남북 닿는 대로 반포해 본다
선교적 열매를 기대하고 기원하며
카톡 매체를 이용하여
주님의 명령을
땅 끝까지 전해 보며 기도한다

지금 시대

정보통신 날개를 편다
춤을 추며 펴 나가라
복음의 행진을 매끄럽게 하누나
주재여!
땅 끝까지
예수 그리스도의 증거가 확인되게 하소서

추위 냄새

겨울의 내음이
창틈에서 오누나
긴 겨울의 시작임에
저기
머언 눈구름이
가까이 흰 구름으로 보일 듯하다 다가서네
일찍 찬바람을 쐐 보며
걷자
걸어보자
저기로
거리로

길목에

교회 가는 길목에
나무를 본다
매미가 더위를 노래하고
뒷걸음질 한다
땅속 굼벵이 시절이 그리운가베
거 참 신기하다

평안

아무 일 없는
아무 것도 없는
마음에 오는 것
평안이다
힘든 가운데
혼란스런 가운데
아픔의 가운데
두려움의 가운데
하나님 주시는 용기
주께서 오시매
너희에게 평강이
있을지어다 말씀하심

한길

밟아야 하는 길
모두 가는 길
푯대를 향하여 가누나
주여 보소서
그가 보고 계시니
가볍게 가리다

믿음의 길

이전 것은 지나가고
새로운 길을 간다
주의 은혜로
새롭게 지움 받아 가벼워지고
평강의 행보가 주어지고
거침의 위경이 지나감에
가만히 있어도
그것들은 비켜가누나
은혜의 사랑을 노래하며
내가 나 됨은
오직 주의 은혜입니다

순종

하라고 하는 것 하고
하지 말라고 하는 것
안 하면 된다
순종은 제사보다 나으니
순종하라
노자의 도덕경에
天網恢恢 疏而不失 (천망회회 소이불실)
하늘 그물 크지만
작은 것 하나라도
빠짐이 없다

이름의 능력

금과 은은 내게 없지만
곧! 나사렛 예수 이름으로
일어나 걸으라
그는 걸었네 뛰었네
춤을 췄네
그는 걸었네 뛰었네
춤을 췄네!

인생은 흐르는 물처럼 살라하네

돌 짝 밭 만나면 일일이 살펴보며
그 자갈에 흔적 남기며
고기 혀 묻힐 이끼라도 주라 하네
검은 바위 만나면 그러냐 하며 응응 피하라 하네
하염없이 흐르며 큰 물결 바다에서 기지개 켜며
크게 웃어 보이며
진정한 자유를 몸짓으로 보이며
꺼이꺼이 인생에 웃음으로 보이라 하네

고추

빨간 매운 고추
뜨거운 태양을 먹고
부서지며 준비한다
배추와 함께하며
겨울에 먹을 김치로
한국사람 자주 먹는
맛있는 김치로
자리매김한다

강바람

비릿 상큼한 강물 냄새
싱그러운 강물 냄새
강바닥 자갈 밟고
휘익 날린 투망
손바닥 불거지
한소쿠리다
새큼 초장
한입 넣으니 신천지네
자갈 널린 강가에
추억이 새롭다

물의 흐름

인생은 물처럼 흐르라 하네
묻지도 말고 따지지도 말고
흐르라 하네
막히면 넘쳐가라 하네
바위 만나면 돌아가라 하네

생각의 존재

'Cogito ergo sum

I think therefore I am.'

나는 생각한다 고로 존재한다.

- 르네 데카르트

창문 밖

청초한 가을
하늘을 난다
저 아래 무수한 집들
삶이 있는 곳
늦가을이니
겨울을 준비해야

창문 밖

물새 노래 흐르는
댐 아래
푸른 물결 돌무더기
청초한 가을 하늘
저 멀리 조각구름
금 단풍 산 아래
옛집 간 곳 없고
나들이 차량만 보이누나

법화경

여시인(如是因) 이러한 원인으로
여시연(如是緣) 인연이 생성되고
여시과(如是果) 결과를 낳고
여시보(如是報) 보복을 받음

존재하는 모든 것은 모양으로부터 결과에 이르기까지 인연으로 이어진다.

-법화경의 십여시(十如是) 중에서

주방 창문

낮인데
아침이다 점심이고
시레기 된장
가지냉국 감자볶음
하얀 밥
조그만 창문을 보며
서서 먹는다
머언 바위
단풍 들야 금단풍
흐드러져 제 빛을 돋고
간선로 차량
문 넘봄에
입이 맛있네

하나님의 숫자 개념

99마리 양보다 한 마리
십분의 구보다 십분의 일을 중시
의인 열을 중시
많은 국민 중 의인 몇을 중시
다수를 따라 악을 행치 말라

현대 특징

돈 기계 대중
예배는 예물이 아니라 재물이 돼야
빼기 잘하면 더하기로 채워주시고
너희는 하나님 나라와 그의를 구하면
너희 삶에 필요함을
나아가 마음에 소원한 바 다 아시고
채워주시는 하나님이심을 알게 되고
교회 참석이 아니라 참여가 중요하다
예수 잘 믿으면 영혼이 잘 되고
건강 지혜 재물 풍족히 주시고
빼기 잘하면 더해주시고
나눔 잘하면 곱하기로 축복하심은 천하 진리이다

그때에

새파란 달래 줄기 솟고
냇가 아직 어름짱
먼집 잔치에
삶은 돼지
달래 간장 멸국수 훌쩍
먼 골짝
냉바람 분다

맡김

만물을 맡기심에
지극을 연구하고
닮음을 찾아 노래한다
뛰노는 자연에
풍광이 아름답다
닮음을 맡기심에

걸으면

보였다
걷고 걸으니
숨어있던 너가 보이니
반갑기도
그냥
걷기로 하자

오해

탓 안 하심에
시험도 안 하심에
모든 것 그의 것
앎의 근본이심에
지식은 배설물
그가 진리이심에
그를 찾음이
행복이라
멀리 아니고
가까이 계신다

무지

긴 세월
그의 사랑
섭리함이 무식함에 담겼다
모르면 약인가
무지한 만남들
날려야
망설임 없이
은총이었네

습관적 절제

박봉에
사남매를 챙김에
익숙한 같은 길 오가며
눈에 띄는 아낌과
절제의 옷이
해지다
할배 할매가

갈증

목마름에
마실수록 갈증이다
더 큰 욕망이
멈춤을 모르고
소금물 되어
진실로 가짐은
헛됨의 개천되어
강물로 흐르네

한 기억

전쟁의 달인 미국인데
전투의 기묘자 베트콩
손들고 말았구나
베트남 지휘자 쿠엔 카오키
먼 동쪽으로 내달리고
민초의 쪽배는
허리 위가 힘겹다
월맹군 오니
보이지 않는 젓가락

촛불 귀신들

가난의 시작함과 자람 속에
진리를 아시고 따름의 성장이
대통령 되고
색깔 다른 좌편향족들
귀신과 더불어 손을 들고 나오니
어이가 없구나
똥물 흐르는 개천이 금의환향하고
아수라장 버스 정책 깔끔 정리하니
명철이 돋보이네
왜가 좌측 손짓한 게 우리 정서 안 맞고
고쳐 세워 나감이라
자기 봉급 철회하니
누가 이걸 받았는가
귀감의 지도자를 폄훼하는 귀신들
촛불 귀신들아

믿음의 가치

하나님 믿는 유태인
예수 믿는 기독인
같으나 좀 다르다
성부와 성자 성신
성부는 있는데 성자가 없고
성자는 있는데 성신이 없다
성부와 성자와 성신이 함께한
믿음의 행실이
온전함이요
믿음의 주요 또 온전케 하시는 이인
예수를 바라보라

시간의 흐름

한 날은 간다
봄꽃이 피어
아해야
냇가에 물향기 맞자
파람의 나물이
곁길을 지나고

간구하며

삶의 굳어진 습관을
신음의 작음도
간구함에
보여주시는
기묘하신 주님

상식의 소멸

비상식이 상식이 되어
비정상이 정상이 되고
삼키고 먹는 것만 보인다
삶이 망해가도
누구도 외면하니
한 번도 경험 못한 나라다
하나님! 요나를 보내신다
코로나 1호로 움직이시고
깨어라 일어나라 회개하라
2호도 나가고 3호도 준비되고 있는데
오직 예수님은 그리스도이시니라

신권의 무시

하나님 창조하심에
사탄은 진화론을 주창하고
거짓된 역사를 왜곡 편찬했다
인류의 피비린내 싸움은
이것으로 출발했고
하나님의 심판을 자초하고
진정한 자유가 소멸되고
우상의 횡포로
사람다운 사람이 없다

안개를 향한 군상

동물이 우상이 되고
치임에 얽힌 인생이다
사람 많고 땅이 크니
허전함의 정성이 저것들이고 그것이네
여차 순간 버리기도 하니
굳은 마음은 거짓이라
사람 앞에 빠져 허우적이다가
시간 되니 바빠지네
해 본 노래 나사 빠져
헐떡이고 만다
허망하고 애처로운 눈빛
피하고만 싶은데
돌려지지 않는 시간이
옷깃을 잡누나

충격의 그늘

여수 순천 제주 4.3 기억은 민족의 아픔
충격의 그림은 재차 그려지고
거시적 움트는 안개의 가능한 길목에
우상과 분쟁의 역사가 있다
억울한 죽음의 영혼들이 강토에 기름 되어
민족의 평화의 간구자
조각되어 흐른다
긍휼의 은총을 구하옵고

일상의 교육

어릴 때부터
자유롭게 먹게 하고
자연을 통하여 놀게 하고
배움을 갖게 하는 교육이 멀어져 버린 요즘
부모 된 자의 조바심의 이 시대가
매우 안타까움을 갖게 한다
쉽게 접근하는 교육이
이 시대에 멀리만 있으니
우선 아이들에게 잔소리만이라도 침묵하자

대지의 순환

산에 담긴 물알이
보이지 않는 모래알로 숨겨지고
샘물로 모였다가 흐르기도 하누나
나무도 많고 돌도 많은
큰 바위 웅크린 그곳의 습기는
물기 되고 솟는 샘물로 흐르는 실개천이 되어
냇물이 흘러 강이 되고
바다로 가누나
샘물 가재도 실개천 피라미도
푸른 강 잉어도 오르고
바다 숭어 멸치 떼 넘쳐나는
조개 모래 파도 장난 재밌게 하고
자연은 사람들을 즐겁게 하는 광대란다

게으름의 기억

젊음엔 분명한 로드맵이 있는 꿈을 못 꾸었다
그냥 놓아 버린 게으름
세월을 아껴라 말씀하심에 무지한 나날들
창조하신 세계 속에 예수가 계신다
호흡하는 세상은
오직 예수 그리스도
아름답고 황홀함의 세계

욕망의 그늘

귀신들이 노래한다
죽이고 도적질하고 멸망시키는
하나님을 향한 사람의 행보를
세기를 다하여 방해하지만
주 예수 십자가
피 흘림에 쫓겨 가고
욕망의 약점을 기업 삼아 세워짐을 바라는 사탄은
십자가 보혈로 괴멸되고 만다
오직 예수로 인하여

묘비 글자

풍양조씨 남원공파 양구 만헌 23대

안수 집사 병근 1946. 10. 1. 생
신안 주씨 권사 성자 1951. 6. 23.생

1 자 만기
처 노은미 (장연노씨 33대)
1자 원

2자 용현
처 김찬빈 (김해김씨 석성공파 23대)
1자 단
1녀 이엘

3자 (女) 새롬
사위 공창수 (곡부 공씨 공자 78대)
1녀 다은
1자 다민

-하나님 말씀
너희는 항상 기뻐하라
쉬지 말고 기도하라
범사에 감사하라

굳어져 있는 가짜

하나님 창조하신 세상
진화론 가짜에 젖어 내뱉는 가짜 교육
인류를 가짜의 틀에 얽혀 놓고 도망간 사탄
창조의 과학이 증명할수록 귀신들은 내빼고
책임 없는 귀신들
나사렛 예수 이름으로 물러가라

들 향기 냇가에 앉아

매화꽃 황홀한 꽃의 향연
살구나무 흐드러진 이곳에
이름 모를 하얀 노랑꽃들이
푸르름을 더하며 춤을 추누나
알배기 붕어는 아카시아 꿀 향기에 왈츠를 추며
물빛 속 은빛 날개 장단을 맞추네

새로운 족들

권력 앞 알랑대고
콩고물이 스르륵 굴러오고
민초들의 순진함을 이용하여 먹고 사는 종교인
땡중들 사방 번져 있고
여기 저기 재산 증식
창피 모르고 신성한 척
선교 명목 내세워 본질 흐린 숫한 가짜들
무늬만 선교사 구제자
사기꾼 천지다
교계가 이러니 정치자들 개차반
말하면 뭐하랴

그런 곳

까까중 은밀 곳
고스톱 치고
이권 경쟁 쌈박질에 불지르고
안 할 짓 별 짓
눈감고 목탁 치니
밥 나오고 돈 나온다
땀 흘림 없는 인생이니
왓다로다

시대 풍물

위기로소이다
동쪽에서 번쩍 사기치니
서쪽에서 북 치누나
북에서 사기 치니
남에서 장구 치누나
분골쇄신 땀 흘려
흘린 내피 어디 갔나
추억 묻은 옛 친구야
사기 기만 달인 됐냐
대답 없는 화살이냐

믿음의 가치

교회가
믿음의 가치가 아닌
세상 가치에 치였구나
현 정치 현상도
가치 기준이 없어져 버린
자유 한국인가

깨끗하게 하시는 주님

하나님은
세상에 더러운 것
추한 것
역겨운 것
모두를 작업하심에
아름답게 하시고
유익하게 하시고
향기 나게 하시며
덕을 세우시네요

버려진 것들

못 먹는 열매
일그러진 열매
벌레 먹은 것도
땅에 떨어져 버려진 것도
양분으로 거듭 나는 결과임에
자연은 위대함의 신비
그 자체로다

시대의 소고

운무 동생 안개
앞을 가리고
하나님 없는 문객들
소설이고 수필이고 산문이고 시가 되었건
시대의 사람들
순수를 잃었다
뻣뻣한 등만 차오르고

양심

기본으로 주어진
생명의 양심
스스로 양심을 찾아 길을 가고
자숙에 목을 걸고
묵묵히 나아가라

믿음의 길

예수가 하나님 아들이다
내 죄로 인하여
십자가에 죽으시고
나흘 후 부활하셨다
사십일 후 하늘로 오르시며
다시 옴을 선포하셨다
하나님은 예수를 믿으면
성령을 허락하시고
삶의 길잡이가 되신다

성령 받음

기독인은 성령을 받아야 된다
성령 받음은 중요하다
여호와를 아는 지식이
진리의 영이신 예수를 알게 되고
진리의 영은
삶의 영역을 여유롭게 하며
자유하게 하신다
이것이 기독인의 참모습이다

현재의 날들

생명과 진리로 살아계시며
역사의 흔적을 주관하시는 하나님
하나님을 망각하고
우상을 쫓는 인생들이 중다하므로
마땅히 경외와 두려움의 여호와께서 그 손을 펼치사
작은 생명체의 칼날로
무지막지한 돌 폭풍으로 펼치매 아우성치나
무지한 인생들은
헛됨을 찾아
어둠을 찾을 뿐!

영원의 존재

인생은 짧고
천국과 지옥은 영원하다
예수 영접 하나님 백성
영원의 천국에 집이 있고
믿지 않는 인생
영원의 지옥에 불가마 있다

좋은 열매

세계 지도자 성향에
기독인은 좋은 열매와 결과로
근본적 유익함을 준다
기독인 아닌 종파들은
대부분
공포와 거짓과 노예의 부담만 안긴다

사람의 욕심

매일 일억 원씩 쓸 수 있는 재력이 있다 한들
사람의 욕심은 바벨탑을 넘고 만다
행복지수 또한 기준치를 못 넘긴다
히말라야 오부 능선 사람들 행복지수 높음을 보라

가덕의 추억

자갈치에서 밥 먹고 가덕으로 향한다
하얀 포말 뒤로 하며 섬에 왔다
다슬기 눈에 띄는 고랑을 올라 소양원에 왔다
야산 밑 드넓은 바다를 본다
풍광에 취하여 어찔하다
돌 더미 만지며 어둠을 살피니
신비의 바다 속
조가비 굴 가시에 상처가 시렵다

코로나가 주는 언어

말 많았고
깨끗지 못했고
아름다움이 곁에 있음을 못 보고
우상에서 벗어나 하나님만 바라라
몰리지 말고 떨어져 있는 이웃도 보라

도움의 손길

군 훈련 야간 행군
지속으로 새벽녘
완전 군장 차림에 실신했다
목표 지점
소금 몇 알 입에 넣곤
희미한 정신으로 늘어짐에
초가 할머니 눈길에
미역국 몇 수저에 겨우 눈을 뜨고
귀대한 기억이 몽롱하다

잘못을 말 안 하는 자

잘못을 시인 안 하는 사람
잘못 시인을 두려워하는 사람
삶의 여유라고는 보기 어렵다
잘못함을 말 못 하는 사울왕은
하나님의 외면을 받고
결국 스러져 감을 본다

삶의 언저리

삶을 밟으며 하나님을 사랑하고
이웃과 함께 하는 따듯함이 필요한데
이웃에게 갑질하고
부담 주고 괴롭히는 사람들
덕을 세워 유익함을 못 깨치니
세상 떠날 때 편히 가지 못 한다

어머니 기억

엄마가
시장에서 사 온 뿔피리
뿔피리 불어 보던
그때 생각
생각 젖어
눈물이 난다

하늘 빛 별들

한없이 예쁜 손주들이다
눈송이 같은 손주들
하얀 별
빠알간 별
파란 별 되어
세상의 별이 되어
세상의 빛이 되어라

대통령의 입김

이명박 장로께서
청계천을 비롯한
한국 땅 곳곳을
힐링화 했는데
문정권자들은
공은 외면한 채
사기로 몰고 있다
장로님의 입김은
곳곳에서 노래한다

국토부 사람

콩가루 부동산
집값은 마냥 오른다
책임지는 자 안 보이고
모두가 나몰라 하는
문재인의 사람들
국적이 어디인가

공약이란

대통령 공약
만능이 아니다
원전 폐기
소득주도 성장
판명이 남에도
돌이키지 않는 이 사람들
장애자인가
그야말로 재앙만 낳는
좌편향 사회주의자들이다
우리의 눈에서 사라져야
자유 대한민국 승리를 위하여

테스 형

철학자 소크라테스가 말한다
너 자신을 알라
노래하는 늙탱이가 떠 버렸다
정치 말쟁이들
너거들 자신을 알아라 하고

사대 강

사대 강은 잘한 것이다
접근성이 좋아졌고
점진적으로 물 부족 시대이다
녹조 증상은
인근 오물 정리가 관건이다
소양댐은 가물어도 녹조가 없다
오물 유입이 없는 곳이다
큰 홍수에 대비한 피해를 예방할 수 있는
혜안 있는 방법임을 알아야 한다

대낮 아침

쪽 창문 내다보며 먹는
대낮 아침이다
잡곡밥 만두 군계란
무나물 동치미 겉절이
멸치 넣은 청양고추볶음
목살 넣은 카레
막걸리 반잔
이 시간 먹고 있다

진실

왜곡은 진실을 넘을 수 없다
부정 위에 구축 되는 우의는 허구다
신뢰는 진실에서만 살아 있다

왜곡

중공은 육이오 왜곡으로
우리의 신뢰를 잃었다
아니 조선 오백년 부터였다
북은 외세를 끌어들여
내전 아닌 내전을 일으켜
동족상잔의 참극을 빚었다
조선 반도의 마땅한 심판을
저들은 기대해야 된다

드라마들

싸우고 추한 꼴만 들어냄에 화가 난다
작가들은 드라마를 작품이라 하는데
여호와를 아는 지식이
지식의 근본인 바탕에서 지어진 작품이 없다
배설물에 불과한 작품만 보이누나
그래도 누군가는 보고 있다

유신

유신 때 소리 높여 외친 자
조용히 살펴보라
박정희의 혜안이 보인다
대한민국의 안보와 인근 나라들의 버릇없는 모습이
원천 봉쇄되는 박정희의 결의와 혜안임을
애써 외면하는 자들
유신의 지속이 있었다면
핵을 머리에 이지 않아도 될 것을

사람 먼저

그럴 듯하다
그런데 자기 편 사람이다
기가 없고 비실대는 젊은 세대
당당한 패기가 없다
진실한 정치가 없다
맥없이 넘어짐이
염려 된다

발걸음

삶에
최소한 먹을거리와 걸을 수 있고 잘 수 있으면
호흡하며 나무의 푸름과 낙엽을 보며
물 흐르는 귀퉁이를 보면 행복이다
주께서 주시는 믿음의 선로를 걷는다면
천국이 따로 없다
모두가 가벼이 내딛는 신발을 신어 보자

월남전 용사

월남 참전 용사인 그가
다정하고 다감했으나
하나님 거부는 물론
나아가 완강했다
어느 시간 변화의 모습을 보았다
풍양 문중 보기 힘듦에 반가웠고
나아가 전도와 선교에 힘씀을 보고
주님께 감사와 영광을 올려 드린다

기억의 벗

오랜 친구였다
채무자 신세로 변한 그는
거짓을 말하고 기만을 일삼는다
나에게 어둠을 비춘다
옛 벗임에 인내하며 지켜볼 일이다
내 노후 경제를 망치게 한 벗이었다
그래도 용서해야지

외침

넬슨 만델라
용서하되 잊지는 말자
기억은 사라지지 않는다
사람의 어쩔 수 없는 본성이다

주님의 용서
"그때에 베드로가 나와 가로되 주여 형제가 내게 죄를 범하면 몇 번이나 용서하여 주리이까 일곱번까지 하오리까 예수께서 가라사대 네게 이르노니 일곱 번뿐 아니라 일흔 번씩 일곱 번이라도 할지니라"(마 18:21~22)

이것이 좋다

미숙함인데 정감이 가고
전문가는 아니지만
넘는 결과를 보이고 촌스러움에 마음이 가는 사람.
이끌림의 사람이란
여호와를 아는 것이 지식의 근본이기 때문에
근본을 아는 사람이다

시선을 모음에

어벙한데 아름다운 미가 흐르고
칠칠한데 성실의 묘미가 흐르고
바보스러운데 숨겨진 똑똑함이 있고
사람의 매력이 헤쳐 보아져 드러남이 있다

들었던 말들

과거에 들었던 말들 현재에도 듣고 있다
경제가 나쁘다
장사가 안 된다
밑지고 판다
남는 게 없다
농사가 안 된다 망쳤다
먹을 게 없다
긍정의 아이콘이 없으면 내일도 똑같은 말은 계속된다

정결케 하시는 하나님

더러운 것
추한 것
역겨운 것들을 깨끗하게 하신다
아름답게 하시고
유익하게 주시고
향기 나게 하시며
덕을 세우게 하신다

제2부 산문(散文)

족한 인생

하나님 한 분으로 족한 인생,

하나님 주신 계명은 사람이 지키고 받아 누리고 순종할 수 있는 단순함이 있다.

지켜 행하면 복을 받고,

지켜 행함이 없으면 기회를 주시되 오래 가지 않으며, 어려움과 초달(楚撻)을 행하시되 고쳐지지 아니하면,

최종적 심판을 하신다.

자유로움을 향유함에

엄격한 공산주의자들이다.

국제 노동기구에서 나온 임금주도 성장개념 이론 논문이고 이걸 집필한 캐나다 오타와대 마크라 부교수가 쓴 포스트 케인지 경제학 입문 이론을 들이대는 정부의 정책 입안자들의 행태는 무책임하다. 자유방임 자본주의는 파괴적 경쟁과 낭비를 초래한다. 그래서 국가가 시장을 규제해야 하고 총수요를 관리하고 지속적인 국가 개입만이 높은 완전 고용 수준 근방에서 경제를 유지할 수 있다고 믿는 운동권 사람들의 현실 인식이다.

역사적으로 검증 안 된 이론이 난무하고 있다.

오늘의 경제

칼 마르크스의 자본론 경제철학을 실제 혁명적으로 달성코자 한 레닌의 후과가 오늘날까지 수없는 독재 사회주의 나라에서 써 먹던 아이템이었다.

소련은 그 아이템으로 망하고 러시아로 바뀌었으나 사회주의 비밀경찰망은 민주를 표방한 독재를 자행한다.

그 쏘시개로 버티는 중국 공산당은 등소평의 실용 노선이 먹혀 경제가 일시에 성장하였으나 공산 세계의 약점인 인권은 여전히 오리무중이다.

공산주의 독재의 맛에 묻힌 자들은 민초의 진정한 욕구를 외면한다.

교육학적 발견

하버드 대학원 교육학 하워드 가드너의 오랜 연구결과가 있다.

인간은 IQ보다 8가지 감성지수에 더해 EQ 9번째 영성지수가 있다. 이 영성지수는 성경에 여호와를 아는 것이 지식의 근본이라는 말씀을 깨닫고 성경을 알아감이 중요하다. 하나님, 예수님, 성령님을 통해서 키울 수 있다. 영성지수가 높을 때 8가지 지수도 월등할 수 있다. 삶의 목적이 다른 이를 위함이 크므로 전지전능하신 하나님의 관심과 축하하시는 복이 따른다.

중국의 제갈량

공정
공평
공개
외침이 울린다

*제갈량의 리더십을 말할 때 공개, 공정, 공평의 이른바 '삼공(三公)' 정책이다. 정책이나 전투 계획을 세울 때 공개를 원칙으로 하고 공개를 한 이상 그것에 대한 평가는 공정하고 공평했다. 제갈량의 이런 원칙이 있었기에 촉은 국가로서의 틀을 갖추게 된다.

이단

이단은 성경을 일부 왜곡하고 신학과 신앙을 변경 왜곡함에 이단이 된다.

기독교계는 저들의 잘못됨을 방치해선 안 된다.

하나님의 사랑과 예수 이름, 능력과 성령의 도우심으로 온전함으로 도와야 한다.

오직 예수 이름 능력으로 살려야 할 의무가 교계에 주어져야 한다.

항체

특정 독을 이기고 대항하기 위한 항체
독에 대한 면역을 형성할 수 있는 경험이 필요하다.
다양한 환경과 체험이 삶을 지배하므로
특히 죄에 대하여 이길 수 있는 항체를
하나님 말씀 성경에서 지식을 찾아야 한다.
지식이란 여호와를 아는 것이 지식의 근본이다.
진리의 영이신 예수 이름으로 사탄과 정면 대결할 때
사탄은 떠나게 되어 있다.

귀신의 다양성

각양 성향과 격이 다른 사람의 모습을 관찰함에
일반적 습관의 여러 모습이 존재한다.
지나친 동물 애호
존재하지도 않는 좀비 흉내
이 모든 행태는 영성을 갖고 본다면
귀신들의 장난임을 쉽게 알 수 있다.
도를 넘는 염색 코걸이 귀걸이 입걸이 촛불 모임
전부 귀신들의 행태임을 알라.

균, 바이러스

인류는 균을 이용하고 바이러스를 이용하여
균을 입어 죽고 바이러스 감염에 죽어가는 사람을 살리고 있다.
사람에게 죄의 독소를 뿜어 죽게 하는 사탄 악령 귀신은
예수 이름의 능력으로 이길 수 있다.
죄의 독소들의 이름을 열거하면
살인 사기 도적질 기만 자살 이혼
망하게 하는 특성을 발휘한다.

어느 목사

어떤 목사에 대해 많은 평이 난무하다.

자유민주주의 주창에 이견은 없다.

사학과 신앙의 접근 방법과 전파 방식은 모호함이 있으나 교계가 지나친 염려는 삼감이 좋겠다.

유동성 확보로 인한 교만함이 엿보이고

계명 저촉 언동은 삼가야 된다.

경천애인

경천애인(敬天愛人)의 인성을 찾기가 어렵다.

요즘 법조인들 여호와를 아는 지식이 전무하다.

기본 경천애인의 바탕이 없으니 불신과 조화를 모르는 시대이다.

하늘을 공경하고 사람을 사랑한다는 경천애인,

하늘과 백성을 나라의 근본으로 여기는 군주가 없다.

갈급함

가만히 두어도 치료됨이 많은데
의사들은 긁어 부스럼 되는 일들을 왕왕이 함을 본다.
그들의 삶이 갈급함이 있어 보이는 부분이다.
치료하시는 하나님을 보라.
약으로 의사의 손길이 필요함을 몰라서 하는 이야기가 아니다.

유튜버들

별의 별 것을 유발시켜 돈에 얽매인 모습들이 보이고
미필적 고의와 사기술까지 동원하는 시대이다.
정서 우려 보덜 말아야.

추석

명절과 겹친 생일에
손주들과 함께 하며
사람의 행복이 가족 모두와 함께함을 수감하며
행복의 시간이 이것이구나
새삼 음미하며
하나님께 감사를 올린다.

정권의 색깔

악의 평범성을 주관하는 문정권자들과 더불어 나라가 소리 없이 사라질 수 있는 요소들을 벌여놈에 눈을 떠야 한다.

잘못됨 의식 없이 마구 휘두른다.

민초들은 서서히 마비되고 있다.

한국의 먹거리를 버리려고 하질 않나, 이 땅을 파멸로 이끌어 돌이킬 수 없는 함정을 파고 있음에도 냄비 따듯함에 죽는지도 모르는 개구리처럼 나랏돈 흩뿌림에 정신을 잃고 있다.

깨어 일어나야 한다.

예수 이름의 능력

나사렛 예수 이름으로 귀신을 제어하며 하나님을 움직이는 힘과 능력이 있다.

앉은뱅이를 일으키며 소경을 눈 뜨게 하며 귀먹고 벙어리를 듣게 하고 말하게 하는 능력이 있다.

나사렛 예수의 그 이름은 창조의 능력과 힘이 있음을 믿음의 삶에 익숙한 기독교인은 알고 있다.

믿음의 가치

하나님의 아들 예수를 믿는 믿음의 가치는 인간 삶의 고뇌와 소위 스트레스를 피할 수 있는 놀라운 방법을 하나님 말씀 성경은 알려주고 있다.

배우지 않으면 낫 놓고 기역자 모르 듯 배우고 읽든가 들어야 그에 대한 믿음과 확신을 얻을 수 있다. 믿음의 가치로 예수 믿는 믿음, 의인 된 마음, 새로운 마음을 갖고 나설 때 하나님 성령이 도움을 주시기 시작한다. 육신에 속한 부정한 생각 부정한 말은 죄의 삯은 사망이므로 사망의 열매가 지속된다. 스트레스의 연속인 것이다. 어느 사람이 머리를 감는데 죄의 뭉치들이 제거되지 못하면 성령의 활동이 없으므로 머리카락은 계속 빠지나 마음을 새롭게 하며 말씀을 긍정하며 믿음의 가치를 확신하는 믿음의 삶이라면 머리 빠짐도 사라지고 육적 걸리적거림은 사라지고 만다. 그러므로 믿음의 틈이 있을 때 마귀가 틈타나 바로 믿음가치 가운데 대적하면 마귀는 쫓겨감을 보게 된다. 할렐루야!

성경 공부

여호와를 아는 것이 지식의 근본인 성경을 아는 것이 세상의 어느 지식보다 먼저 알아야 함은 삶을 가져야 할 인간에게 필수다.

인생을 근본적 평안과 행복을 위해서는 반드시 거쳐야 할 과업이다. 마태복음부터 요한계시록, 창세기부터 말라기까지 모든 이들은 성경을 공부하라. 믿음의 주요 또한 온전케 하시는 이인 예수를 바라보라.

귀신

세상에는 많은 귀신이 활동하며 종류도 다양하다.

예수 그리스도를 따르는 기독인은 귀신들이 접근하기를 꺼려한다.

나아가 쫓아내기도 한다.

능력의 예수 이름을 믿기 때문이며 귀신과 대적하여 승리하며 이김을 주시는 하나님이시다.

요동하는 오늘

전염력 강한 코로나19로 사회 전반의 불균형과 어려움을 겪고 있다.

기독교인은 예수 믿는 믿음의 가치로 견디어 나가며 하나님 사랑과 은혜의 삶을 펼쳐 감이 지속돼야 한다.

진인사대천명(盡人事待天命) 빛의 역할 맛의 역할을 감당하며 하나님 역사하심에 귀 기울이며 기다림이 요구된다.

철학으로 안 됨

사람의 지식과 철학으로 생명을 얻지 못한다.

자람의 아이에게 영원한 생명의 삶이 있음을 심어줘야 한다.

하나님을 아는 것이 지식의 근본이므로 근본을 심어 주고 진리를 알게 함에 있음에 진리의 영이신 예수를 심어줌은 영원한 생명을 얻게 한다.

속량

연필로 쓸 수 있으나 틀림도 지울 수 있는 고무가 있듯이 우리 인생도 삶을 써나가다가 죄를 질 수 있는 약한 존재이다.

그 죄를 씻기 위하여 하나님 아들 예수가 십자가에 못 박혀 죄를 대신 속량코자 죽으시고 하나님의 능력으로 다시 부활하심을 기뻐하며 축하하는 축제인 부활절을 감사하는 것이다.

모형

천국의 모형, 천국의 기쁨, 사람에게 알 수 있는 모델이 있다.

그것이 부부의 사랑과 쾌감이고 지옥의 고통과 아픔을 알 수 있는 모형이 있다. 그것이 이혼과 자살이다. 누구나 예수 믿으면 지옥에서 벗어날 수 있다.

진리의 영

예수를 가까이하면 진리를 알게 되고 당신의 인생은 자유함과 평강의 세월을 맞이하며 하나님 나라에 안착함의 복을 얻게 된다.

검불

밤낚시 움 턱에서 추위로 덤불을 모아 불을 피운다.

주위에 마른 가시나무가 보여 불을 지피는데 검불로 받쳐줘야 타다닥 소리 내며 탄다.

모세가 하나님 뵈옵는 장소에서 불에 타는 떨기 가시나무, 이곳은 거룩하니 네 신발을 벗으라.

전도자는 조금의 도움으로 불타는 열정으로 선교를 한다.

믿음의 실천자들은 주께서 쓰시는 자들을 살펴야 하고 도와줌으로 그들의 활동을 북돋아줌이 필요하다.

검불 공급이 중요함이다.

엉터리 광고들

사기 광고가 난무한다.
피부 계통, 치과 계통, 욕구를 이용한 사기들.
필요한 것은 가까운 곳에 있게 마련.
눈에 이물질로 보이지 않는 눈들이다.

필요 초달(楚撻)

자녀 교육에 엄격함은 있어야 한다.

진실을 벗어남과 지식을 외면함에는 초달이 필요하다.

우상숭배의 끼만 있어도 제재함은 중요하다.

인격 있는 하나님의 자녀로 키움에는 기도와 부모의 소명이다.

보는 관점

문제 푸는 방법에 적용하는 요령이 다를 수 있다.

예수를 마음으로 믿어 의에 이르고 입으로 시인하여 구원에 이름을 알아야 한다.

신학과 신앙의 만남이 다르나 성령의 조명하심에 따르는 신자는 흔치 않음에도 유기체적 공동의식의 행진이 하나님 주시는 은혜로 구원에 이르게 하는 힘이 있다.

믿음과 구원

유튜브에 보면 간단 이야기를 복잡하게 늘린다.

선생 된 자가 많다.

일반적 지식, 보통 지식, 가짜 지식이 난무하나 참다운 진실을 전하지 못하는 아쉬움이 많다.

영적 지식, 혼적 지식, 육적 지식.

지식 중 영적 지식을 널리 알려라.

영원의 생명을 알리는 길이다.

우상숭배

매스컴도 무의식적으로 우상질 프로가 난무한다.

무르팍도사, 좀비놀음, 귀신놀음 등 모두가 사람을 피폐에 빠지게 하는 프로다.

하나님의 고귀한 형상으로 빚어진 인생을 한낱 우상에 빠지게 하는 어리석은 작태는 멈춰야 한다.

헛됨

그리스도가 심령에 있지 않음에
인권 운운함과 공의 말함, 정의를 말함은 가식이 많다.
그 티가 보이게 마련.
동물 애호가 지나친 애호자들, 온전함의 사람일 수 없다.
누구를 막론하고 하나님 신이 우상이 되어야 한다.

13년 전도의 시간

낮 3년, 밤 10년의 전적 선교적 택시 활동의 특이한 경력은 능력 주시는 자 안에서 할 수 있었음을 고백한다.

5,000명 이상에게 복음을 전했고, 이후 문서 선교로 《 굳어진 습관 》 책자를 통하여 1,000명 이상에게 전도.

이 책 《 삶의 곁길 》을 통하여 문서 선교에 더욱 매진하고자 한다.

믿음이 없는 자

하나님에 대하여 알지도 못하고 알려고 하는 노력도 없는 사람들은 귀신을 부르고 토테미즘, 샤머니즘에 빠지기 십상이다.

우상숭배에 빠져 살아가기 때문에 간단명료한 삶을 복잡하고 어렵게 살다가 지옥으로 빠지고 만다.

확실한 약속과 축복의 길이 열려 있음에도 다른 길로 향한다.

인류의 가장 큰 문제이다.

원인은 하나님을 모르고 하나님에 대한 두려움을 모르기 때문이다.

하나님을 알아 가는 교육이 중요한 이유이다.

가까이 보면

흠이 있고 냄새가 있다.

가깝게 다가서면 알 수 있게 된다.

아름다운 경치의 그림이나 자세히 보면 모두 흠이 있고 덧칠 또한 보이고 흉터가 있다.

인간을 영웅시하고 우상시함은 정치적 전략적 관계인들의 치밀한 산물로 생산됨이 많다.

인생의 그림도 떨어져서 보고 아름답게 보고 긍정적 매력 있게 봄이 좋다.

삶의 좋은 것만 보자.

안 좋은 열매 못 먹는 열매 쭈그러진 열매를 굳이 볼 것은 없다.

오직 예수

예수가 하나님 아들이다.

내 죄로 인하여 십자가에 죽으셨다.

삼일 후 부활하셔서 구세주가 되셨다.

사십 일 후 하늘로 오르시며 이 땅에 다시 오마 약속하셨다.

하나님은 예수가 나의 구원자이심을 받아들이면 증거로 성령을 보내시고 성령으로 인하여 하나님의 도를 규례와 법도를 율례를 알게 하신다.

스님

산은 산이요 물은 물이로다.
법정 스님이 성철 스님의 일갈을 되뇌시니
하나님께서 산을 거기에 두시고
물은 거기에 두고 또 흐르게 하시고
바다를 가두어 놓으시고 사람들이 이용케 함에
은혜의 보고일 뿐이다.
스님은 만인만상이 부처다.

철학적 개념이 반복적 육체의 가시적 모습으로 영원한 생명으로의 구원이 안 되므로 레위족을 선별하시고 제사장 반열에서 영원한 대제사장 예수를 세우셨다.

음식의 맛

소금물의 바다에서 살아가는 생물들은 상함보다 발효가 앞서고 숙성되어 사람에게 음식으로 소화되게 한다.

육으로 덮여진 생명체들은 상하거나 썩어 흙으로 환원된다.

염장의 기술로 발효와 숙성을 통하여 보관과 시간을 늘려 먹어가는 역사적 슬기에 민족에게 특장적 숨은 모습들을 본다.

한국 민족의 김치류 문화는 세계적 자랑이자 맛과 건강식의 보고다.

얼굴들

하나님 이름은 복수로 표현되고 있다.
인간 얼굴 변화의 행태는 주위를 보면 아는 바다.
중국의 변검(變脸) 같은 예술이 나옴은 우연이 아니다.
정치자들 행태는 변검술의 일가견이 있다.
종교인 지도층에 있는 자들 또한 예외가 없다.
우리의 모습이 얼굴이 어떤지 살펴보자.

멍청

이목구비가 좋은데 눈살이 찌프러짐은
색깔로 덮이고 약물로 튀겨내고
칼로 베고 가위로 썰고 뼈로 채우고
입술에 달고 귀에 달고
몸에 망축한 문신 물들이고
참으로 멍청한 사람들 많다.
하나님 지으신 모습 그 자체가 아름다움 아닌가.
있는 그대로의 아름다움을 넘어서는 건 없다.

시대의 징조

시대가 종말로 감이 감지되고 있다.

지구적으로 번지는 전염병 기후 환경 변화로 인한 재앙.

하나님의 군사 사탄 세력의 갈등이 그 어느 때보다 심화되고 있다.

하나님 나라와 그의를 위하여 기도함이 우리의 몫이다.

작금의 이 나라도 반정부 세력들을 합당치 않은 틀에 가두려 안간힘을 쓴다.

선거철 공약이 전부인양 나라의 비전도 하루아침 바꾸려 들고, 공약이 만능일 수 없음에 국기문란을 자행하는 어리석음이 난무하고 있다.

좌파들의 준동으로 상식이 비상식으로 변질되는 시대이다.

무심함에서 벗어나 깨어 나팔을 불어야 할 때이다.

소경 된 자

예수님이 날 때부터 소경된 사람을 보고 진흙을 바른 뒤 실로암 못에 가서 씻으라 하니,

'소경이 왜 씻어야 합니까? 실로암 가기까지 얼마나 먼데요. 이 시간 나는 구걸해서 밥 얻어먹어야 합니다.'

등등을 따지지 않고 실로암을 찾아갔습니다.

그리고 눈이 밝아졌습니다.

바로 이는 우리의 이야기입니다.

신앙을 하면서 자기 생각에 머물면 어려움을 만날 때 근심걱정 두려움이 있지만 예수를 바라보며 말씀이 우리 안에 들어오면 소경이 밝아지듯 우리도 밝아집니다.

말씀의 은혜

세상에 여러 우격다짐이 있을지라도 말씀하시는 주의 은혜로 내면의 기쁨을 갖고 생명의 삶을 구가해야 한다.

하나님 말씀에 믿음을 갖고 세상에 삶을 산다고 하는 것은 참으로 굉장한 것이다.

이스라엘 땅에서 잡혀와 나아만 장군 아내의 여종이 된 소녀의 말만 듣고 요단강에서 7번 씻으니 문둥병에서 깨끗해짐은 모든 믿는 자의 하나님의 축복이다.

이 모든 것은 예수님의 마음과 함께하는 삶이다.

시력이 나빠지는가?

귀가 안 들려 보청의 도움이 필요한가?

하나님 지으신 아름다움과 놀라운 주의 작품에 감동하는가?

들을 만한 것 볼 만한 것, 하나님 편지에(성경) 담겨져 있는데 세상 어디서 찾으려 하나?

놀라운 것은 지금 이 순간일진데 지금 실행 없으면 다시는 오지 않는 것.

큰 병마가 대기하고 찾아오는가?

병마가 문안하는가?

우상 잡다한 귀신들을 나사렛 예수 이름의 능력으로 쫓아내거니, 많은 이들이 이 비밀을 알랑가 몰라….

여 기장의 믿음

148명의 승객을 구한 여기장.

선한 기적을 믿으며 댈러스로 향하던 사우스웨스트 보잉 737.

펑! 소리와 함께 여객기가 추락하는 위기에 닥쳐 담대히 주님을 바라보며 우리를 결코 버리지 않을 것이다.

부기장 승무원 모두가 침착하게 대응하며 20분간의 사투 끝에 필라델피아 공항에 무사히 착륙.

이 과정 중 비행기 창문이 깨지고 그 틈으로 빠져나가는 승객을 여럿이 도와 살리는 기적도 보였다.

기장의 신앙적 담대함이 엿보이는 놀라운 기적의 현장이었다.

중요 단어

문장 구성에 있어 같은 목적의 단어 선정에 신중함은 절대적이다.

단어 하나가 주는 메시지는 전체가 추구하는 목적을 일시에 훼손할 수 있음을 보게 된다.

적대적 관계나 외교관계 대인관계 모두가 마찬가지다.

혀의 놀림, 글의 놀림이 중요함이다.

전해지는 말에도 말 한마디가 천량 빚을 갚는다고 했다.

북에 대해 유인책보다는 담대히 인도할 돌파구 이런 문장을 선택하라.

해방 후

해방 후 혼란기 큰집 할아버지 몰락을 눈치로 알았다.

왜정 때 지역 왜놈 헌병대장을 했음에 여러 아우들이 있으나 상종을 안 했다.

친할머니는 이 집 문 앞 뜨물통에 동태머리를 건져다가 끓여 먹고는 친할배 강골 혈기에 훌쩍훌쩍 우셨다고 한다.

외조고모 댁도 시할아버지가 군수를 해 해방되면서 시련을 겪었다.

집안 몇 분 소용돌이에 목숨을 잃은 것이다.

역사의 기막힌 아픔이다.

투표

인도의 시성 타골은 한국은 동방예의지국이라 했던가.

투표 성향을 보면 저 사람이 참으로 필요하다는 건 없다. 분위기상 찍어 보니 별 볼일 없는 자다.

대부분이 이렇다.

다행히 잘하면 좋으나 못하면 낭패다.

스펙만 보아서는 사람을 알 수 없다.

가까이 경험이 좋은데 그것은 접근성이 힘드니 가장 현명한 것은 인간성과 가정 훈육의 자람이 하나님 편의 사람인가이다.

한 첩자의 생애

영국 해외정보부 M16 간부로 근무한 조지 블레이크.

6.25 전쟁시 한국전에 참전 중 북한에 체포.

포로생활 3년 중 공산권 전향.

영국으로 돌아와 소련 대외정보국 활약 중 체포돼 40여 년 복역 탈옥해 동베를린을 거쳐 러시아로 탈출.

러시아 휴양지에서 노년을 보내다가 2020년 98세의 나이로 생을 마감했다.

러시아 이름 그레고리 이바노비치. 이 자의 첩자 활동으로 동구라파 첩보원 200여 명 이상이 목숨을 잃었다.

희대의 러시아 첩자다.

푸틴은 냉전시대의 공로를 높이 평가해 2007년 훈장을 수여했고 그의 죽음을 애도했다.

소련 공산당이 쇠퇴했으나 아직도 세계는 국가 간 갈등이 현실이고 공산당과의 물밑싸움은 그치지 않고 있으며 중국과의 검은 첩보전이 진행 중이다.

한국은 미워도 일본, 미국과 단합하여 군사, 경제동맹에 함께할 필연이 있다.

상식의 소멸

비상식이 상식이 되고
비정상이 정상이 되고
삼키고 먹는 것만 보인다.
삶이 망해가도 누구도 외면하니
한 번도 경험 못한 나라다.
주께서 뙤약볕 요나를 보내시고
코로나 1호로 깨어나라! 일어나라.
2호도 나간다. 3호도….
오직 예수님은 그리스도이시다.

고발

이 시대 칭찬 받는 지식인을 고발한다.

먼저 언론자들 작가 선생된 자 혼의 타락자 육에 치우친 자 모두가 배설물만 쏟아냄에 익숙하다.

엄연히 생명의 역사로 주관하시는 존재 가치를 잃고 설쳐댐이 한심하다.

요즘 드라마란 대부분 밥벌이용 감각 유발 기술만 드러내고 생명의 비밀이 없다.

스포츠 또한 양키들의 착취 기술의 변형만 있지 생명의 영원성은 찾기 힘들다.

동물을 빼고 만물의 영장인 인류의 영원한 생명의 길이 있음을 외면하고 있다.

일반 생명체는 종족 보존의 본능으로 무늬만 사랑이 있다.

인간은 선 본능보다는 후 쾌락의 세계를 맛본다.

그러나 이것은 하나님의 세계에 천국 삶의 맛보기에 불과하다.

인간사에 그 길에 당도할 수 있음에도 사탄은 끊임없이 왜곡하며 이끌고 있다.

과감히 배설물을 버리고 하나님의 선하시고 기뻐하시는 일에 다가서야 할 이유이다.

우리의 정체성

우리는 어떤 민족
다정다감한 민족
솔직한 백의민족
건들면 죽자사자
모난 돌 디딤돌로
개갬을 자기 걸로
모방함에 달인들
자존감에 굴게도
도까주면 들이대
무에서 유 창조해
기발하며 느긋해

우리 한국인은 어떤 종자인가
좋은 걸 갖고도 좋게 사용 못해
김치종주국을 말하고 있지만
뙤놈 것 수입해 그것도 90%
아무리 잘해도 욕바가지 퍼대고

구태함 끝내줘
정치에 무관심
투표권 무관심
송곳 찌름 꿈쩍
도꾸면 지랄춤
먹여도 들이대니
기진맥진하면 그때야 분발함

이상한 판결

통수 부탁 안 들을 수 없고
들어줌이 죄 되어 감방생활
뒤에서 조종 다하고
여론 간보며 쓱 나서서 홍두깨질하고
포퓰리즘 부추겨 표밭갈이 머리 수 세고
사면이 아니다.
석방해도 시원치 않음에 국민 여론 운운하고
천하 없던 흉한 세상이다.
삶은 소대가리에 맛까지 없는
머리 뼈다귀 골통이로다.

건강유지 지혜

보편적으로 차이는 있으나 몸의 혈류에 일시적 장애가 있거나 막힘의 경우, 또는 경락의 흐름에 장애가 있거나 막힌 경우 약이나 침을 이용하는데 이 모든 현상의 원인은 사람의 스트레스로 발생한다.

피하는 방법은 신학을 바탕으로 한 믿음으로 극복할 수 있으나 일반적이지 못하다.

쉬운 방법은 가벼운 몸놀림의 운동이고 춤도 좋은 방법이나 심한 운동은 피해야 한다.

심한 고민으로 뇌에 산소가 고갈되어 머리가 아플 때는 의도적 산소 공급으로 해결하는 호흡법이 있다.

혈압 상승은 몸의 염분 쏠림 현상을 푸는 것이 관건인데 따듯한 물로 샤워하는 것도 좋고 물 한 컵에 천일염 티스푼 한 수저 반 넣고 휘저어 한 번에 마시는 것도 효과가 있다. 피로 및 지친 몸에도 탁월함이 있고 상시 소화장애시 한두 끼 건너뛰고 죽 등을 먹어 몸의 상태를 보아가며 활명수 쌍화탕으로 처리해 보자.

우리 몸의 물 흐름, 혈류 흐름, 기 흐름을 항상 염두에

둠이 지혜롭다.

침을 쓸지 약을 쓸지 음식 또는 운동, 호흡을 사용할지를 판단하여 건강 유지를 실천한다.

인간의 가장 큰 스트레스는 돈이다.

그러나 사람에 따라서 다른 것으로 스트레스와 마주함은 피할 수 없어 기독교의 도를 득하면 이 모든 것을 넘을 수 있다.

역대 대통령

자유민주주의 초석을 마련한 이승만 초대 대통령.

경제 안보 초석을 마련한 박정희 대통령.

후진국형 집단 이기주의와 끼리끼리 문화 철폐 및 공동가치 상승에 기여한 김영삼 대통령.

국민 개개인의 가치 창출 및 접근성 편리함을 도출하고 환경의 탁월한 지혜를 실천한 이명박 대통령.

북한의 잔머리 굴림과 교만을 깨부순 박근혜 대통령.

나라의 기존 질서와 포퓰리즘으로 경제 망치고 부동산정책 일시에 무너뜨린 좌편향 정치인 문재인 대통령.

기도의 능력

사탄은 개인과 개인 나라와 나라 정치권력과 국민 그 사이에서 이간질하고 싸움을 부추기는 일로 악령 귀신들이 실천하고 있음을 알아야 한다.

사탄은 악령을 통해서 귀신들로 하여금 지금도 곳곳에서 악랄하게 활동하고 있음으로 하나님의 백성들은 기도하고 또 기도해야 한다.

오늘날 자유대한민국이 그 어떤 나라보다도 아름답고 편히 잘 살 수 있는 것은 전적으로 천만 성도들 기도의 덕분임을 감사해야 한다.

우상 숭배

지금 이 시대는 해설사는 많으나 해결사는 없도다.

종교계에도 설교자 설명자는 많으나 실천자가 없도다.

하나님 말씀인 성경 기록에 보면 지도자는 여호와만 바라보면 종국에 여호와께서 해결의 열매를 맺게 해 주시나 여호와를 바라보는 시선이 잠시라도 틈이 있으면 실패 또는 포로된 고통을 얻게 됨을 알아야 된다.

전직 통수 총리 고관대작 믿음의 권속들이 하나님만 바라봄에서 우상에 합장하고 손 모으는 모습의 실수가 이 나라 암울의 그림자를 가져온 원인임을 회개하여야 한다.

본분

여호와를 아는 것이 지식의 근본이다.

여호와를 가까이 함이 명철이요, 여호와를 경외함이 지혜의 근본이다.

진리의 영 곧 예수를 구세주로 섬기라.

이는 참자유함을 얻고 이는 사람의 본분이다.

천국과 지옥의 만행

천국의 기쁨 사람에게 알 수 있는 모델이 있다.

그것은 부부의 사랑 쾌감이고 지옥의 고통과 아픔을 알 수 있는 모형은 그것이 자살과 이혼과 악독한 마음이다.

예수 믿으면 지옥에서 벗어날 수 있지만 세상을 떠나선 그 기회마저 얻을 수 없다.

믿음의 반대되는 말은 두려움이고 두려움을 이길 수 있는 이름의 능력은 예수 이름이다.

진리의 영 예수를 가까이 하면 진리를 알게 되고 참자유함과 평강을 얻으며 하나님 나라에 안착함과 복을 받게 된다.

귀신같이 안다

'귀신같이 안다'라는 말이 있다.

이는 인간의 양심에 조그마한 틈만 있어도 바로 아는 귀신의 특별한 기능이니 사람은 항상 바른 양심을 유지해야 귀신의 시선을 피할 수 있고 귀신의 시선 밖에 있어야 귀신을 이길 수 있다.

귀신의 시선 밖이란 예수 안에 있음을 의미한다.

원수를 사랑하라 하신 말씀 불이행, 주의 복음을 전하라 말씀에 불순종, 돈을 비롯한 우상숭배 결과는 오늘 이 시대에 지구상에 일고 있는 시그널을 보면 알 것이다. 개인은 각자 지옥의 고통을 느끼면 알 것이고 강대국은 수모를 겪는 것으로 알 것이다.

남녀가 문신, 귀걸이, 보톡스, 색깔 입힘, 자기 자유대로 하지만 하나님의 성품을 잘 알면 안 하는 게 맞다. 왜냐하면 귀신들이 들러붙어 힘들게 하는 일이 있을 수 있다.

조심해야 된다.

하나님 사랑 사람 사랑

인간의 사랑이란 하나님 사랑 바탕에서다.

감성과 사랑은 보상이 있으나 하나님 모르는 사람 중심 사랑이란 니드(need; 목적과 욕구)에 맞춰져 있음에 여차하면 돌변한다.

현 문재인 여당권자들의 감성팔이가 이에 해당하는 것을 볼 수 있다.

따라서 유일신이 없는 좌파들은 종국에 하나님의 심판을 면치 못한다. 이들은 하나님이 없으므로 거짓말 도둑질 선수들이다. 따라서 궁지에 몰리면 자살 이혼 간음 살인 음란 퇴폐의 아이콘으로 전락하여 인생의 참다운 평화와 자유함을 못 보고 지옥의 나락으로 곤두박질하게 된다. 살아 있을 때 하나님 알고 예수를 가까이 하여야 하는데 죽으면 그 기회마저 놓치고 마는 것이다.

저들 인생의 불쌍함을 알아 믿음의 자녀들은 좀 더 수고하고 힘씀이 필요하다.

이명박 장로는 서울시민을 위하여 더러운 청계천을, 존재가치도 없던 청계천을 환경 좋은 청계천으로 만들었다.

시민 교통 불편을 버스 중앙차선제도 한방으로 해결하고 자전거길 강변 꽃길 우축 보행 등 시민을 위한 많은 일을 했다.

4대강을 비롯한 이 나라에 아주 필요한 일들을 행했음에도 좌파들은 거시적 안목 없이 방해만 하였다.

그의 탁월한 지혜는 자치단체뿐 아니라 지방행정에도 많은 영향을 주었다.

재임 시 장로로서 지도자로서 많은 훌륭한 일을 했음에도 원치 않는 어거된 몸은 좌파들의 치소거(恥笑)리가 되고 있으나 모든 게 밝혀질 것으로 믿는다.

좌파들이 거짓과 사기로 가두고 있으나 그의 신앙 양심상 인간에게 죄지을 분이 아님은 분명하다.

역사의 교훈

역사의 교훈, 일본 덴노헤이까 반자이, '일본 천왕 만세' 라는 말이 있다.

일본은 80여만 개가 되는 토테미즘, 샤머니즘 종류의 귀신을 믿어도 그 귀신들이 일본을 지켜주지 못했다. 결국 핵 두 방에 항복하고 한국은 애국가 가사처럼 하나님이 보우하사 우리나라 만세.

북한 김일성 부대 남침으로 하나님 믿는 이승만 대통령이 미국 대통령에 간청하고 하나님 믿는 미국이 한국전쟁에 참전, 유엔 회원국 도움으로 풍전등화 속에 휴전협정으로 정전 상태이다. 하나님께서 이 민족에게 서로 사랑하고 싸우지 말라 하시어 오늘에 이르고 있다.

우리의 통일은 하나님께서 북의 지도자의 마음을 움직여야 하는 하나님만이 할 수 있음에 나라와 민족을 위하여 기도 외에는 방법이 없음의 한계이니 한마음 한뜻의 사랑으로 뭉침이 선결인 이 시대가 아닌가.

복음의 중요성

사람이 하나님 사랑을 말하지만 사회생활을 습관적으로 함에 있어 삶의 영역에서는 하나님 형상으로 만들어진 자신들의 존재가치를 훼손함이 많다. 이에 쉽게 벗어나는 행위는 전도다.

예수 증거하는 삶을 실천하고 산다면 허다한 죄를 묵인하시며 죄를 기억조차 하지도 않으신다.

예수 믿는 사람은 전도 생활이 때를 얻든지 못 얻든지 그래서 중요하다.

인간의 약함

육 여사가 청와대 경내에서 쓰러졌다.

등잔 밑이 어둡다고 원인은 비타민 부족.

서울대병원 의사 부인이 배가 아파 실려 왔는데 원인은 기생충으로 밝혀졌다.

목사 자식이 밖에서 악인으로 설쳐댐을 모르듯 인간의 한계가 보인다.

여호와께서 지켜주시지 아니하면 파수꾼의 경성(警醒)함이 허사로다.

인생은 끊임없이 하나님 예수님과의 소통이 관건이다.

하버드대 교육학자의 수십 년 연구결과 영성지수에 대한 관심은 기업과 인간의 관심이 되어야 할 이유가 있다.

기업이 잘 되기 위하여 인생이 부드러운 삶이 되기 위하여 기업의 목적이 이익 추구이나 그 이익이 이웃을 위한 결과가 되어야 하고 개인은 십일조가 있고 감사헌금이 있고 주일 헌금의 경배가 있고 이웃을 위한 십시일반의 헌금과 봉사가 실천된다면 그에 따른 하나님의 평가가 있게 마련이다.

냇물이 샘솟아 흐르듯 자기 소유가 여러 모양으로 이웃에게 흘러가고 윤택하게 됨은 천하의 진리인 것이다.

2021년 한 해가 영성지수 상승을 위한 행보가 각자의 하나님 축복하심이 드러나는 복됨의 한 해가 되옵기를 기원 드리며 강건하시길 구합니다.

오늘의 기도문

하나님을 사랑하는 자 곧 그 뜻대로 부르심을 입은 자들에게 모든 것이 합력하여 선을 이루심을 말씀하시옵고 의로운 10인이 없어 불 재앙으로 심판하실 작정이심에도 감하여 주신 주님.

이 민족 곳곳에 공산주의 주사파들이 숨어들어 자유대한민국의 정통성을 훼손하며 작금의 국민적 갈등의 와중에 당도하고 있습니다.

주의 긍휼하심의 은총이 모든 것이 좌편향으로 흔들리는 이 현실에 합력하여 선을 이루어 주시사 저희 일천만 성도들의 기도를 들어 주옵소서,

이 민족의 내일을 불쌍히 여기사 주의 손길을 구하옵고 구원의 손길을 끊지 마시옵소서.

자유대한민국의 정통성이 훼손됨이 없게 하시오며 하나님 성도의 기도가 끊이지 아니하오며 주께 열납되어 이 나라 평화와 안전 가운데 민족이 통일 되며 세계 열방에 땅끝까지 복음이 전파되어 주 예수 강림을 뵈올 수 있기를 구하오며 국민 모두가 단합하도록 자유대한민국을 붙들어

주옵소서.

우리의 모든 죄를 십자가에 속량하신 주 예수 거룩하신 이름으로 간절히 기도드리옵나이다.

아멘.